Golwg Gyntaf

MAE GERMAU'N FY NGWNEUD I'N SÂL!

gan Melvin Berger · darluniau gan Marylin Hafner

Ivan Corbett · Penryn

Cyhoeddwyd gan Ivan Corbett Publishing,
Islington Wharf, Penryn, Cernyw.
Cyhoeddwyd yn wreiddiol yn Saesneg gan
Harper & Row Cyhoeddwyr Corfforedig
dan y teitl *Germs make me sick.*

ISBN 0-904836-45-2
Paratowyd yr addasiad Cymraeg gan Berwyn Prys Jones

CBAC

Cyhoeddwyd dan nawdd Cynllun Llyfrau Darllen
Cyd-bwyllgor Addysg Cymru

Cysodwyd gan Afal, Caerdydd
Argraffwyd yn yr Eidal gan Amadeus

Rydych chi'n deffro un bore ond dydych chi ddim eisiau codi o'r gwely. Mae eich breichiau a'ch coesau'n boenus. Mae gennych chi gur pen. Mae gwres a dolur gwddf arnoch.

'Rydw i'n sâl,' meddwch.

'Rhaid dy fod ti wedi dal byg,' medd eich mam.

Byddwch chi'n dal byg pan fydd germau'n mynd i mewn i'ch corff. Y germau sy'n eich gwneud chi'n sâl.

Mae germau'n bethau byw, bach bach. Maen nhw'n llawer rhy fach i'w gweld heb ficrosgop. Gallai llinell o fil o germau sefyll ar flaen pensil!

Mae llawer math gwahanol o germau. Ond y ddau sy'n eich gwneud chi'n sâl fel arfer yw bacteria a firysau.

Planhigion bach iawn iawn ydy bacteria. Ond dydyn nhw ddim yn edrych fel unrhyw blanhigion y gwyddoch chi amdanynt. O dan ficrosgop, mae rhai bacteria'n edrych fel peli bach crwn. Mae rhai'n syth fel rhodenni. Mae eraill yn troi a throi.

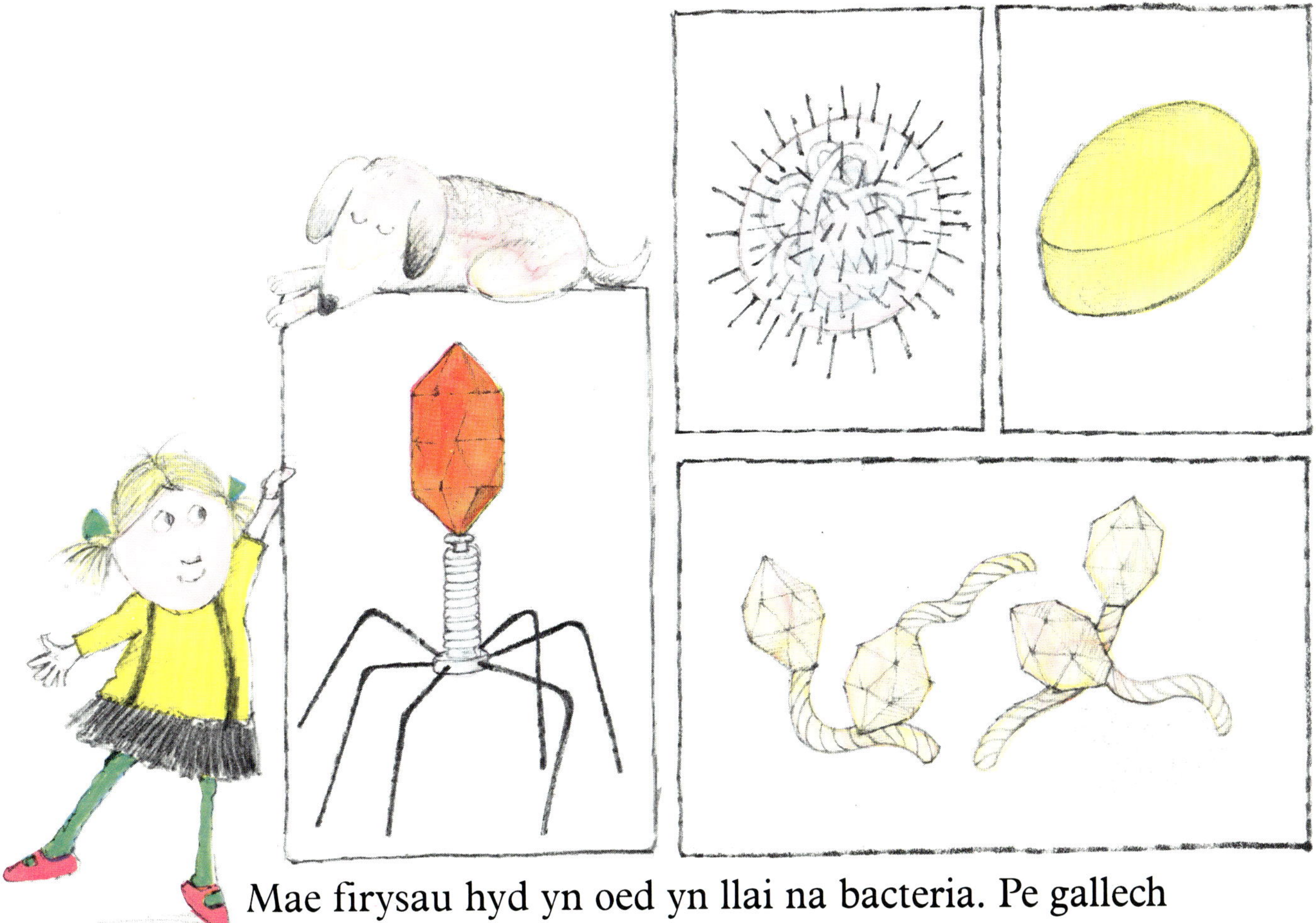

Mae firysau hyd yn oed yn llai na bacteria. Pe gallech chi eu gweld nhw, byddai rhai ohonyn nhw'n edrych fel peli pigog, eraill yn edrych fel pastilau, ac eraill fel penbyliaid. Mae rhai hyd yn oed yn edrych fel sgriwiau metel â choesau corryn!

Mae germau fel bacteria a firysau i'w cael ymhobman. Maent yn yr aer y byddwch chi'n ei anadlu, yn y bwyd y byddwch chi'n ei fwyta ac yn y dŵr y byddwch chi'n ei yfed. Maent ar bopeth y byddwch chi'n ei gyffwrdd.

Er bod germau o'n cwmpas ymhobman, dydyn nhw ddim yn eich gwneud chi'n sâl bob amser. Mae llawer o germau'n ddiniwed a bydd eich corff yn eu cadw allan.

Eich croen chi sy'n cadw germau allan. Os nad oes gwt neu grafiadau ar eich croen, all y germau ddim dod i mewn.

Bydd eich trwyn chi'n helpu hefyd. Mae ganddo leinin o flew mân sy'n dal llawer o'r germau wrth ichi anadlu. Bydd y blew'n gwthio'r germau yn ôl allan.

Mae tu mewn eich ceg a'ch gwddf bob amser yn wlyb. Yn aml, caiff germau eu dal yno a fyddan nhw ddim yn mynd ymhellach.

Ond bydd rhai germau'n llithro i mewn bob yn awr ac yn y man.

Mae annwyd ar eich ffrind. Mae'n tisian a bydd germau'n hedfan allan. Rydych chi'n anadlu'r awyr yn ei ymyl. Gall rhai o'i germau gyrraedd eich ysgyfaint.

Rydych chi'n blasu diod eich cyfnither. Mae ei germau hi ar y gwelltyn. Gall ambell un ohonynt gyrraedd eich stumog.

Rydych chi'n reidio beic ac yn syrthio ac yn crafu eich pen-glin. Gall germau o'r ddaear fynd i mewn o dan eich croen.

Ond hyd yn oed pan fydd bacteria a firysau niweidiol yn llwyddo i fynd i mewn i'ch corff, fyddwch chi ddim bob amser yn mynd yn sâl. Y rheswm dros hynny ydy bod gan eich corff chi ffyrdd o ymladd germau.

Bydd y celloedd gwyn yn eich gwaed yn mynd ar drywydd unrhyw germau sy'n sleifio i mewn. Fel arfer, bydd y celloedd hyn yn lladd y germau cyn iddynt wneud unrhyw niwed.

Yn eich gwaed chi hefyd mae cemegion arbennig sy'n ymosod ar germau. Gwrthgorffynnau ydy'r enw ar y cemegion hyn.

Ond fydd celloedd gwyn y gwaed a'r gwrthgorffynnau ddim bob amser yn cael gwared ar y germau. Bydd rhai germau'n aros yn eich corff ac yn eich gwneud chi'n sâl.

Beth sy'n digwydd pan fydd bacteria'n mynd i mewn i'ch corff? Byddant yn dechrau lluosi'n gyflym. Bydd pob un yn rhannu'n ddau, a'r ddau'n rhannu'n bedwar, ac felly ymlaen. Mewn ychydig o oriau, gall fod *miliynau* o facteria yn eich corff.

Wrth iddynt luosi, bydd y bacteria'n cynhyrchu cemegion. Mae rhai o'r cemegion hyn yn wenwynau. Gall y gwenwynau niweidio neu ladd celloedd eich corff, a phan gaiff digon o gelloedd eu lladd byddwch yn teimlo'n sâl.

Gallwch chi fod yn gwynio, neu gall brech ymddangos ar eich croen. Efallai y bydd gwres arnoch chi. Efallai y byddwch chi'n peswch neu'n tisian, neu hyd yn oed yn cyfogi. Dyma'r arwyddion sy'n dweud wrthych fod celloedd yn cael eu lladd yn eich corff.

Bydd rhai bacteria'n cynhyrchu gwenwynau sy'n aros mewn un man. Rhai felly ydy'r bacteria yn eich ceg. Bydd y gwenwyn yn ymosod ar eich dannedd yn unig — ac yn gwneud iddynt bydru. Fydd y gwenwynau hyn ddim yn symud i unrhyw ran arall o'ch corff.

Gall gwenwynau sy'n aros yn agos at eu bacteria achosi dolur clust a chrawniau ar eich croen hefyd.

Bydd bacteria eraill yn cynhyrchu gwenwynau sy'n symud o amgylch eich corff. Mae un math o facteriwm yn byw yn yr ysgyfaint. Ond mae'n cynhyrchu gwenwynau a gaiff eu cario yn y gwaed. Gall y bacteriwm hwn achosi cur pen neu boen stumog.

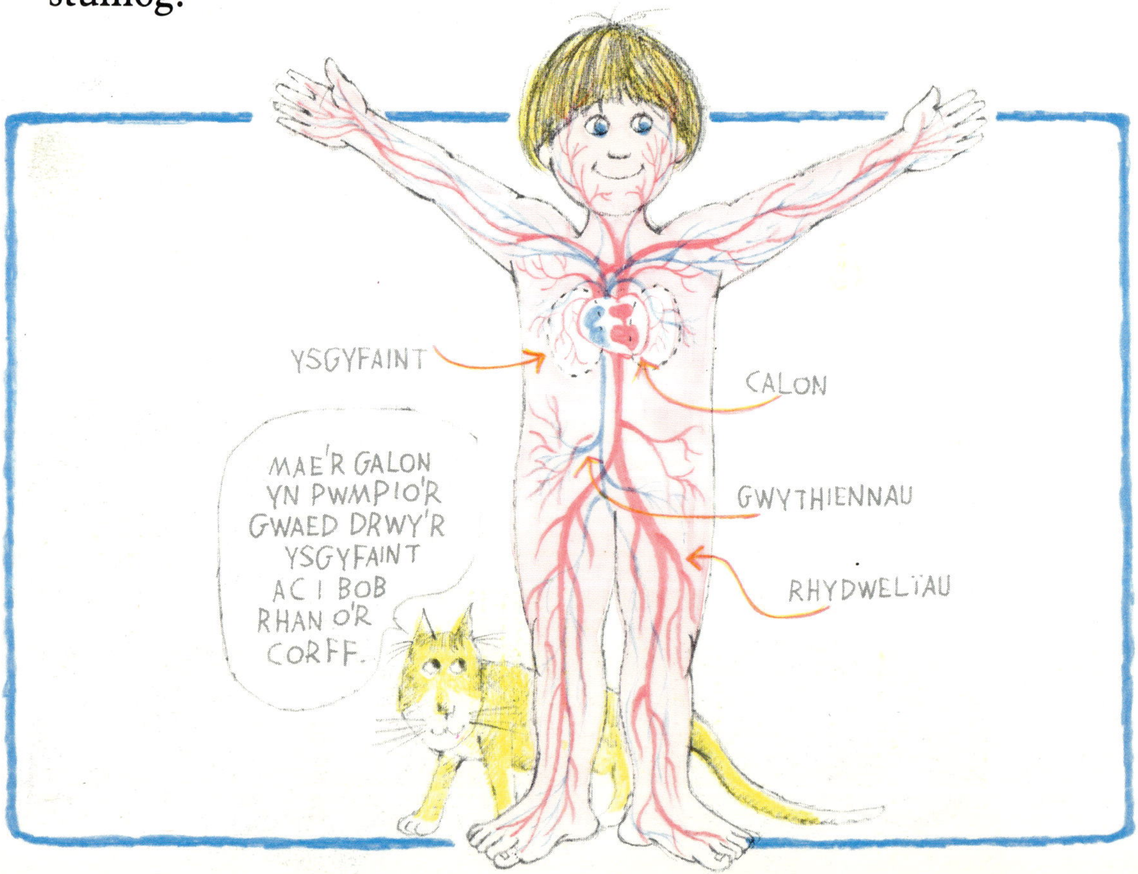

Mae gan fath arall o facteriwm wenwynau yn ei groen allanol. Pan fydd y gwenwynau'n cyffwrdd â chelloedd eich corff, byddant yn niweidio neu'n dinistrio'r celloedd. Wrth i'r celloedd farw, byddwch chi'n teimlo'n sâl.

Beth sy'n digwydd os bydd firws yn treiddio i'ch corff? Mae firysau'n wahanol i facteria. Dydyn nhw ddim yn cynhyrchu gwenwynau. Bydd pob firws yn ei wthio'i hun i gell yn y corff. Bydd yn diflannu i mewn iddo ac, am gyfnod, does dim golwg bod yr un dim yn digwydd. Yna'n sydyn, bydd y gell yn ffrwydro. Bydd cannoedd o firysau newydd yn dianc.

Bydd pob firws yn dod o hyd i gell arall ac yn cloddio i mewn iddo. Bydd y celloedd hyn yn ffrwydro, a bydd rhagor o firysau'n llifo allan. Cyn hir bydd *miliynau* o firysau yn eich corff.

Bydd y firysau'n lledaenu a byddwch chi'n teimlo'n waeth ac yn waeth. Mae firysau'n dod ag anwydydd a'r ffliw, y frech goch, clwy'r pennau a brech yr ieir, a llawer o afiechydon eraill.

Er bod bacteria a firysau'n gallu'ch gwneud chi'n sâl, byddwch chi fel arfer yn teimlo'n well ar ôl diwrnod neu ddau. Bydd eich corff wedi trechu'r germau.

Pan fyddwch chi'n teimlo'n sâl iawn neu'n sâl am ddyddiau, dylech chi weld meddyg. Bydd yn ceisio darganfod pa germau sy'n eich gwneud chi'n sâl.

'Ble mae'r boen?' bydd yn gofyn. 'Dewch inni weld.'

Efallai y bydd yn gosod darn o wlân cotwm yn eich gwddf am ychydig ac yna'n anfon y sampl a'r germau arno i labordy. Neu efallai y cymer ychydig ddafnau o waed o flaen eich bys neu o'ch braich a'i anfon i labordy i'w archwilio.

Caiff eich meddyg adroddiad o'r labordy i ddweud wrtho ai bacteria ai firysau ydy'ch germau. Os bacteria sy'n eich gwneud chi'n sâl, bydd y meddyg yn ysgrifennu presgripsiwn ichi. Bydd y moddion a gewch chi naill ai'n lladd y bacteria neu'n eu rhwystro rhag tyfu.

Dydy meddygon ddim eto wedi darganfod moddion i wella afiechydon sy'n cael eu hachosi gan firysau. Ond gallant roi brechiad ichi i'ch rhwystro rhag cael rhai o'r afiechydon hyn.

Os ydy firws wedi eich gwneud chi'n sâl, efallai y gwnaiff y meddyg roi moddion ichi. Fydd e ddim yn lladd y firws ond fe fyddwch chi'n teimlo'n well. A bydd yn eich diogelu chi rhag unrhyw facteria a all eich gwneud yn fwy sâl byth.

Pan fydd germau'n eich gwneud yn sâl, bydd eich meddyg yn dweud wrthych am aros yn y gwely. Mae gorffwys yn y gwely yn ei gwneud hi'n haws i'ch corff ymladd y germau.

Ar ôl ichi wella, byddwch chi eisiau aros yn iach. Mae llawer o bethau y gallwch chi eu gwneud i'ch cadw'ch hun yn iach.

RHEOLAU IECHYD DA
Cadwch draw oddi wrth unrhyw un sydd ag annwyd neu ffliw arno.
Golchwch eich dwylo â sebon a dŵr cynnes ar ôl bod yn y toiled.
Bwytewch fwyd iachus, da.
Brwsiwch eich dannedd fore a nos.
Gwnewch yn siŵr eich bod yn gorffwys digon.
Gwnewch rywfaint o ymarfer corff bob dydd.
Ewch i weld eich meddyg a'ch deintydd yn rheolaidd.
Gwnewch yn siŵr eich bod chi'n cael y brechiadau y mae eu hangen arnoch.
MAE'N GWNEUD SYNNWYR, TA BETH!
105

Bydd germau'n eich gwneud yn sâl — weithiau. Ond gallwch chi eich helpu'ch hun i fod yn iach fel cricsyn weddill yr amser!